Rainar Nitzsche: Das Buch der Leere

AF236592

Allen Menschen
und denen
die nach uns kommen
die vor uns waren
die immer sind

Und all den Wesen
dieser und anderer Welten
die keine Menschen sind

Rainar Nitzsche

Das Buch

der

Leere

Dr. Rainar Nitzsche
Fischerstr. 69
67655 Kaiserslautern
E-Mail: rainarnitzsche@kabelmail.de

Die Deutsche Nationalbibliothek verzeichnet diese Publikation in der Deutschen Nationalbibliografie; detaillierte bibliografische Daten sind im Internet über dnb.de abrufbar.

Impressum
Rainar Nitzsche: Das Buch der Leere
Computersatz: Rainar Nitzsche. Textkorrekturen: Elke Bouché.

© 2022 Nitzsche, Rainar
Herstellung und Verlag: BoD – Books on Demand, Norderstedt
ISBN: 9783753495286

Dies ist kein Fehldruck
weiße Seiten sind leere Seiten
so soll es sein

wen wundert's
denn dies ist

Das Buch der Leere*

*: Und doch ist sie beschmutzt, nicht absolut, nicht wirklich rein, allein, wie könnte das anders sein in unserer Welt, wo nichts vollkommen ist.
So stehen hier vorne einige Worte (diese hier und mehr). Und auch hinten erkläre ich, warum das Ende kein Ende ist. Dazwischen aber schweigt die Leere still - 90 Seiten lang - immerhin!

Roman ohne Worte*

*: 1000 Seiten lang und nie geschrieben.

Perfekte Kurzgeschichte*

*: Die kenne ich nicht – oder doch!?
Ach, hier ist sie ja, Weiß in Weiß geschrieben.

Absolutes Gedicht*

*: Kein Textblock, kein Absatz, keine Zeile, kein Wort, kein Buchstabe, kein Gedanke - STILLE - LEERE.

Shunyata

Alles ist leer und frei von Dauer.

nur leere

nur leere
füllt
die leere*

Und hier und jetzt

beginnt die Leere

in diesem Buch - weiß das Papier

schau selbst

und werde eins mit ihr!

*: aus Rainar Nitzsche: *Om oder das Rauschen der scheinbaren Leere*

Kein Ende

Scheinbar, auf den ersten Blick endet hier *das Buch der Leere*. Sie aber ist ohne Ende, überall ringsum, in uns. Also könnten hier noch unendlich viele Seiten aus weißem Papier in diesem Einband stecken, unbefleckt von Worten und Zeichen.

Doch wir wollen ja die Wälder schützen, nicht mehr Holz fürs Papier verwenden, wo es doch schon Hunderttausende von deutschsprachigen Titeln in winzigen bis gewaltigen Auflagen gibt.

Obwohl, wenn es weltweit »unzählige« in allen Sprachen ausgedruckte Exemplare vom *Buch der Leere* gäbe, ja dann …

Doch gibt es die nicht – und wird es auch niemals geben!?

So wird Energie gespart fürs Recycling, so bleiben uns Bäume erhalten, für kurze Zeit, Pflanzen, die uns den Sauerstoff liefern, den wir alle zum Leben brauchen, wie wir einst einmal über die Photosynthese lernten, und die das CO_2 aus der Atmosphäre entnehmen, worauf heute in der Zeit der Klimaerwärmung das Augenmerk aller gerichtet ist.

leere

alles fließt aus ihr
alles kehrt in sie zurück
alles
ist
leere*

*:aus Rainar Nitzsche: *Om oder das Rauschen der scheinbaren Leere*